En pleine conscience

Sommaire

Introduction

Je suis une enfant du rock, une enfant des Beaux-Arts, et plus précisément de la vidéo. J'ai été vidéaste en exposant dans des galeries parisiennes, puis je suis allée aux cours du soir du CNAM pour apprendre la psychologie, ce qui m'a permis d'acquérir la licence et un diplôme d'art-thérapeute à l'hôpital Saint-Anne. En parallèle débutait ma « carrière » de pin-up : j'ai été modèle pour des dessinateurs de comics et divers photographes ; j'ai prêté mon visage et ma personnalité au personnage de Zatanna, une magicienne chez DC et Marvel. J'ai été tour à tour muse et chanteuse. J'ai travaillé avec un grand nombre d'artistes de différents milieux comme l'électro ou le post-punk, mais mes prestations les plus suivies ont été dans les cabarets, où je chantais du glamour jazz à la Jessica Rabbit!

Et puis, en mai 2012, la fin du monde m'est tombée dessus. Non pas sous forme d'apocalypse comme le pronostiquait la rumeur, mais avec la disparition de mon héros, mon père. Il est parti si brusquement qu'un cataclysme psychique a envoyé valdinguer toutes mes croyances, mes idées, mes espoirs, ma vie.

Après sa disparition, ma principale préoccupation a été de trouver un moyen de communiquer avec lui. Je ne voulais pas passer par des médiums, de peur de me faire mentaliser; alors j'ai lu des récits autobiographiques d'« *experiencers* », ces personnes qui ont fait l'expérience de la mort imminente. Un soir où la tristesse m'avait envahie au plus haut point, je me suis mise à surfer sur le net et je suis tombée sur l'interview d'Anita Moorjani[1] par Lilou Macé. Anita était revenue de la mort et son témoignage a été le déclic: il me fallait chercher là où personne ne pense aller – au plus profond de moi-même.

[1] Voir Anita Moorjani, *Mourir pour Vivre* (*Dying to be Me*), Le Dauphin Blanc, 2012.

*

Il y a cinq ans de cela, jamais je n'aurais pensé changer ma vision du monde et de la vie comme maintenant. Moi qui pensais être psychologiquement si fragile, incapable de surmonter les traumatismes et la violence au quotidien. Je pensais n'être qu'un grain de sable dans une étendue désertique. Insignifiante, seule et destinée à en rester là jusqu'à ce que mort s'ensuive ! Il aura fallu une situation extrême pour me rendre plus forte que tout, avec en prime un bonheur spirituel qui me porte chaque jour et qui me donne la foi. Non pas en un dieu ou en une religion, mais *foi en moi*.

Si j'ai décidé d'écrire ce livre, c'est avant tout pour vous. Vous qui souffrez physiquement et/ou psychologiquement, je veux vous dire que tout évolue, que rien ne reste figé et qu'il existe une autre façon de voir la vie. Que vous soyez dans le chagrin d'avoir perdu l'un de vos proches ; que votre corps soit meurtri à cause de la maladie ou à la suite d'un accident, ou bien par la violence extérieure ; que vous

vous sentiez plus seul que jamais parce que vous croyez que la vie ne fait pas de cadeaux, je veux vous dédier ce livre.

Vous n'êtes pas seul et vous ne le serez jamais.

L'espoir est toujours en vous. Il est à cet instant même dans les starting-blocks, il n'attend que votre signal pour déployer son infinie puissance. Les mauvais jours existent, mais je peux vous affirmer qu'ils ne durent jamais.

Je voudrais ainsi vous faire partager mon expérience : comment la souffrance décuplée par la disparition de mon père bien-aimé a pu devenir une formidable opportunité de connaître le bonheur spirituel, et comment la souffrance liée à une endométriose développe en moi une force insoupçonnée jour après jour.

En entrant en pleine conscience, j'ai radicalement changé. Je me suis libérée des systèmes de pensées collectives qui façonnent notre mental et maintiennent l'humanité dans la peur.

Si vous êtes prêt à « switcher » votre vision quotidienne du monde et vous découvrir réellement, alors je serai votre guide. Je vais tenter d'être la plus claire possible, en vous faisant passer par la route directe vers la pleine conscience. Mais il se peut que celle-ci soit mal pavée, alors prenez le temps de lire. L'état de pleine conscience se travaille jour après jour. Retrouver le calme et la sérénité demande de la rigueur, mais ce travail n'a rien à voir avec ce que vous avez appris à l'école. Certains passages vous seront peut-être plus difficiles à intégrer. Si cela coince vraiment, alors passez à l'étape suivante. De toute façon, les expériences de la vie vous ramèneront à ce que vous n'avez pas compris. Ce qui n'est pas acquis se répète, non pas comme une punition, mais comme une superbe évolution.

Laissez de côté tout ce qu'on vous a inculqué. Ne gardez en vous que l'amour de la vie. En pleine conscience, vous allez vous sentir éveillé, certes, mais vous allez vous sentir plus humain que jamais. Ce qui veut dire que les mauvais jours seront toujours présents, la douleur réapparaîtra, les émotions seront toujours aussi intenses, mais ils ne seront plus perçus comme des échecs ou des coups du sort. Ce qui vous semble mauvais, désagréable et douloureux sera perçu positivement. Vous n'aurez plus affaire à des « emmerdes », mais à des expériences de vie dont vous serez le témoin. Sur la route de la pleine conscience, vous êtes libre. Vous n'êtes ni vos pensées, ni vos expériences, ni vos douleurs : vous êtes simultanément conducteur et observateur dans votre propre espace-temps.

Tout au long du livre, les termes *conscience*, *âme* ou *esprit* ont la même signification. Je ne fais pas de distinction. On les retrouve traditionnellement dans certaines disciplines comme la philosophie, qui aborde l'esprit à l'égal du mental, l'âme étant le noyau dur de la religion et la conscience représentant l'entité vivante de l'Univers par les scientifiques.

Pour moi, *conscience = esprit = âme*. La seule différence que j'aborderai sera entre ces termes et le *mental* : *conscience/esprit/âme ≠ mental*, où réside l'ego et les pensées.

À la fin de chaque chapitre, je terminerai par les **CODES DE LA ROUTE**, qui sont vos principes spirituels élémentaires à ne jamais oublier dans votre quotidien. Voici les premiers :

Décider de changer de vie pour être heureux tout en gardant votre personnalité.

Décider que mon objectif de vie sera de m'élever encore et toujours.

I

Les capacités spirituelles : ces phares ultra-puissants qui révèlent la face cachée de votre existence

1.
Le bonheur spirituel, qu'est-ce que c'est ?

« J'ai décidé d'être heureux
parce que c'est bon pour la santé. »
Voltaire

Pour la plupart d'entre nous, les conditions d'une vie heureuse et accomplie sont d'être en bonne santé, d'avoir de l'argent et des biens matériels ; d'être beau et bien dans son corps ; d'avoir un travail épanouissant, des enfants et une famille, des amis fidèles et/ou des copains avec qui partager ses fous rires ; d'être socialement reconnu, avec, pourquoi pas, une gloire éternelle, j'en passe et des meilleures…

C'est ce que l'on nous apprend depuis que nous sommes enfants, afin de survivre dans une société où règne la loi du plus fort. Songez à votre enfance à l'école : il fallait avoir des bonnes notes pour que vos parents soient fiers de vous et si possible être le premier de la classe. À l'école primaire, je me souviens que si vous étiez le premier ou la première de la classe, vous aviez des privilèges comme des sublimes cartes d'animaux qui représentaient le must des récompenses ! Ensuite venaient les bons points, pour les suivants, que vous pouviez cumuler pour « acheter » ces fameuses cartes d'animaux ! Déjà, en CP, on nous apprenait à être de parfaits individus pour satisfaire le système social, économique et politique en priorisant les valeurs matérielles.

Nous avons appris depuis que nous sommes nés que le bonheur réside dans la consommation. Si vous ne possédez rien, vous ne serez pas heureux.

Je ne dis pas que les valeurs thaumaturgiques ont été mises de côté, mais elles étaient souvent reléguées au second plan. Je me rappelle une expression qui leur avait été attribuée : « Elles comptent pour du beurre ! » Mais qu'advient-il le jour où nous ne pouvons plus consommer ? Sommes-nous vraiment plus malheureux ?

Je ne remets pas en cause l'éducation des parents, car chaque être humain compose avec ce qu'il a dès sa naissance ; mais comment demander à un enfant d'être sage dans une société qui ne l'est pas ?

La réalité est que très peu de personnes ont tout ce qui est exigé pour être « normalement » heureux en même temps et surtout durant une vie entière.

Pensez-vous que les familles dites « heureuses » sont réellement celles avec toutes les caractéristiques du bonheur social énumérées ci-dessus ? Sincèrement, je ne le crois pas.

Un jour ou l'autre, toutes ces personnes qui s'imaginent protégées du malheur grâce à leurs biens matériels ou leur famille soudée sont confrontées à leur destinée à travers des crises sans précédent. Souvent, la maladie rappelle l'âme à se mettre au premier plan, et elle le fait d'une façon cataclysmique.

Dans cette perspective, le fait d'être heureux ne tiendrait alors qu'à un fil, tout comme la vie.

*

Observez les moments où vous êtes en joie, baignant dans la gaieté. Quels en sont les facteurs ? Et combien de temps ce sentiment de plénitude reste en vous ?

Cette auto-analyse permet de mieux comprendre le mécanisme du bonheur extérieur. Il y a une constatation évidente : c'est qu'il ne dure jamais parce qu'il est issu d'une situation *extrinsèque*. Les petits bonheurs dits de tous les jours, comme passer du temps avec ses amis, avoir une augmentation de salaire, obtenir un diplôme, etc. sont de la nourriture pour votre *mental*. Il est bien évident qu'il faut en profiter et le vivre pleinement, mais il faut être conscient qu'ils ne sont pas celui que vous pouvez découvrir en pleine conscience.

Le bonheur spirituel est directement lié à ce que vous êtes, c'est-à-dire une *âme*. Il est infini et dépasse de loin celui du consumérisme. Tout aussi intense que les plaisirs terrestres, il va vous élever et vous faire évoluer.

Même si vous vous sentez heureux sans le bonheur spirituel, pourquoi ne pas aller le découvrir et vous enrichir d'un savoir ? Il n'y a aucune contre-indication et, au pire, il éclairera votre destinée et tout ce qui vous entoure ! Le bonheur intérieur est communicatif, gratuit et vous protège sans l'aide de personne d'autre que vous.

N'attendez pas d'être heureux dans la vie de tous les jours, cela n'arrivera peut-être jamais. Allez chercher ce bonheur, au fond de vous, et laissez-le vous guider sur votre route.

CODES DE LA ROUTE

La vérité sur les choses est aléatoire, vous seul détenez votre propre vérité.

Le bonheur de vivre ne réside que dans votre esprit et vous allez pouvoir y accéder autant de fois qu'il le faut.

2.
En pleine conscience

En pleine conscience, vous êtes connecté à votre *âme*. Un monde spirituel s'offre à vous.

Qu'est-ce que la spiritualité ? C'est s'octroyer le droit de connaître son esprit, son *être*, et de régler sa conscience à un haut niveau de visibilité dans un monde énergétique.

La *conscience* est invisible, immatérielle dans notre perception des choses. Pourtant, elle est *énergie*. La conscience, tout comme l'énergie universelle, est impalpable mais bien réelle. Quand vous êtes dans la spiritualité, vous êtes dans un monde d'énergie. Vos intuitions sont les produits énergétiques de la conscience et ils vous raccrochent au domaine de l'invisible et du subliminal.

Malheureusement, notre société contemporaine défend encore trop souvent la thèse du « il faut le voir pour le croire ». Ce qui est invisible à l'œil nu est ignoré et rejeté. Pourtant, au XXe siècle, des scientifiques ont proposé d'ouvrir nos champs de vision dans le domaine quantique. Ce domaine nous apprend qu'une seule réalité n'existe pas. Les travaux des scientifiques sur l'infiniment petit se concentrent sur le fait qu'il existe une réalité physique et une autre quantique, qui se tutoient en permanence. Il n'y aurait pas d'espace vide, car tout espace est rempli de particules subatomiques.

Nous sommes tous connectés dans le monde physique, ce qui a pour effet que la réalité peut changer d'un individu à un autre.

*

Dans leur langage mathématique, les grands génies de l'Histoire démontrent que nous ne sommes pas qu'un assemblage de molécules : nous sommes aussi une énergie imagée par la vibration.

D'après les travaux scientifiques d'Albert Einstein, tout est énergie. Son équation la plus célèbre le démontre sans conteste.

La formule E = MC2 se traduit par : la matière est une forme condensée d'énergie. Ce qui veut dire que nous vivons à la fois dans un monde de protons et de neutrons, et dans un monde d'énergies qui leur est intimement lié.

Nos cinq sens nous permettent de vivre dans le monde matériel et nos perceptions intuitives dans le monde énergétique.

Les particules subatomiques sont énergie. Autour du noyau de l'atome gravitent des électrons. Les scientifiques ont découvert que l'électron lui-même est formé de plusieurs petits trous d'air qui sont, devinez quoi ? de l'énergie ! Ce qui signifie que toute chose *est* vibrations énergétiques, tout être vivant *est* énergie, toute parole *est* énergie, toute pensée *est* énergie et toute conscience *est* énergie.

L'invisible autant que le visible *est* énergie.

La découverte d'Einstein officialisa le fait que le temps et l'espace ne sont ni rigides ni absolus. Ils fusionnent avec le mouvement pour constituer une entité physique bien réelle que l'on nomme « espace-temps ». Celui-ci est comme un tissu qui s'ajuste à la masse des corps. Comme un habit sur nous, il y a des plis. En termes scientifiques, les plis sont des oscillations de la courbure de l'espace-temps appelées ondes gravitationnelles, ou plus simplement vibrations. En février 2016, des premières mesures ont été établies, attestant d'une des plus belles intuitions du génie. Le cosmos n'a pas fini de nous délivrer ses secrets ! En pleine conscience, votre âme est connectée à l'infiniment grand et vous pouvez les percevoir en temps voulu.

Si le cosmos existe, cela veut dire que le monde de l'infiniment petit est bien présent lui aussi. À l'heure actuelle, des physiciens comme Stephen Hawking ont concentré leurs travaux sur le royaume des atomes, des molécules et des particules subatomiques, composants essentiels de tout ce que nous voyons.

Dans le monde de l'infiniment petit, les choses obéissent à des règles totalement différentes de celles du cosmos. On parle alors de mécanique quantique.

Niels Henrik David Bohr, un scientifique proche d'Einstein, a développé la théorie suivante : la conscience est la seule responsable de l'onde particule. Les ondes sonores et lumineuses s'associent aux particules pour créer tous les objets solides du monde. Autrement dit, s'il n'y avait pas de conscience qui nous fait observer, imaginer et qui donne finalement le pouvoir aux ondes particules de se réduire en une forme spécifique, tout n'existerait qu'en tant que paquets d'énergie potentiels ou indéfinis.

La conscience est donc capable d'être la créatrice d'une réalité spécifique pour votre être, afin qu'il puisse évoluer dans le monde physique.

En parallèle à toutes ces recherches sur l'invisible et ses effets, des études scientifiques ont prouvé que le cerveau agit sur la matière physique. Puisqu'il est énergie, il émet une fréquence et affecte la matière autour de lui. Ce qui veut dire que lorsque vous pensez à une chose positive, votre cerveau qui commande votre corps va aller de concert avec cette pensée. Vous allez vous sentir bien et les personnes autour de vous le ressentiront. Ils capteront votre énergie.

Les personnes qui vibrent à la même fréquence que vous se sentiront aussi bien que vous. Vous diffusez votre énergie positive.

Si cela marche dans notre espace-temps, alors pourquoi ne pas imaginer que l'énergie que vous dégagez vienne « parler » à l'univers tout entier, et par la suite contribuer à l'évolution de l'humanité ?

3.
LES SYNCHRONICITÉS, SIGNAUX DE LA CONNEXION

Les phénomènes les plus récurrents lorsqu'on élève sa conscience sont l'apparition journalière de *synchronicités.*

Il y a des moments intenses dans nos parcours de vie que l'on nomme « coïncidences », ou bien « hasards », ou encore « miracles ». Ces termes populaires désignent en réalité les moments de connexion subtile entre vous et les deux mondes décrits par les scientifiques. Ainsi, **l'infiniment grand (le cosmos) + votre propre énergie + l'infiniment petit (la mécanique quantique) = synchronicités.**

Les remarquer dans votre quotidien est aussi étonnant que de découvrir les minuscules trous d'air des électrons. Elles se présentent à vous durant toute votre vie, au rythme de votre évolution, mais encore faut-il pouvoir et vouloir les voir.

*

En ce qui me concerne, je ne les ai intégrées consciemment qu'après le décès de ma grand-mère, la mère de mon papa, partie un an après lui. Elles étaient tellement flagrantes que je ne pouvais pas passer à côté sans les remarquer et me poser quelques questions. Il m'aurait été très réducteur de penser que ce n'était que des concours de circonstances, une vague d'heureux hasards. Le fait d'entrer régulièrement en pleine conscience m'a permis de les distinguer plus clairement et de comprendre qui elles sont et pourquoi elles nous apparaissent à des moments bien précis de notre vie.

Le *mental*, qui jusqu'ici n'était qu'une maison contenant votre personnalité et votre ego, est en fait le concepteur de pensées qui y circulent librement. Les pensées sont comme des bambins qui jouent à cache-cache. Parfois, nous en sommes conscients, et parfois inconscients. Lorsque le mental ouvre la porte d'entrée, une pensée en profite pour aller jouer dehors. C'est le moment où nous la visualisons. À partir du moment où elle se sent visible, elle grandit pour se transformer en *intention*. Sans que rien ne l'arrête, l'intention devient *acte*, avec sa propre énergie. Les énergies sont alors comprises comme des messages pour l'univers par le cosmos et le monde quantique. L'univers, qui a bien à faire avec ses questions d'extension, de trous noirs, de supernova et de matière noire, va vous répondre à sa façon au moment où votre conscience sera sur la même fréquence que lui.

Les synchronicités sont le langage de l'univers. Il vous parle, vous guide, toujours dans l'optique de son évolution et de la vôtre. Autrement dit, nous sommes tous connectés, tout ce qui est vivant sur Terre sans exception, par un flux d'énergie.

Si vous êtes sur la voie de l'éveil, les synchronicités sont des composantes essentielles pour se sentir guidé. **Sur votre route, elles sont les balises, sur le côté, qui vous avertissent que vous roulez à la bonne vitesse et que vous êtes sur la bonne voie.**

Par exemple, vous entendez un mot qui peut être une couleur, un personnage, une chose, etc., et qui revient dans diverses discussions dont vous êtes le témoin.

Peu importe que vous croyiez ou non à l'au-delà. Ce qui est bien réel dans notre espace-temps, c'est que les énergies universelles se manifestent et trouvent toujours le moyen de se faire connaître. Il n'y a rien de paranormal à ces phénomènes.

Il m'arrive de vivre la synchronisation des chiffres. Un dimanche, en l'espace d'une minute, je regarde l'heure, il est 11 h 11, puis je lis un article dans un journal pris « au hasard » où ces nombres sont mentionnés. Il est à la fois l'heure et ce que je lis.

Il y a parfois des synchronicités qui vous marquent et qui résonnent. Celle qui m'a le plus marquée était le refrain d'une chanson qui tournait dans ma tête. Je ne parvenais pas à retrouver les paroles exactes, mais la mélodie était claire, il me semblait que c'était une chanson d'un groupe de rock des années 70. Je n'ai pas pris la décision de chercher qui, ni le comment du pourquoi parce que je savais que tout allait se révéler en temps et en heure. Ça n'a pas loupé ! Quelques semaines plus tard, je découvre en écoutant les informations matinales que le chanteur du groupe Motörhead nous avait quittés. Une des chansons les plus connues de leur répertoire s'appelle « Ace of Spades ». C'était cette chanson qui tournait dans ma tête depuis quelques semaines !

Au départ, je pensais que ces manifestations pouvaient me faire anticiper l'avenir si j'arrivais à les manipuler. Je voulais trouver le moyen de les utiliser à bon escient afin d'aider mon prochain, mais j'ai vite compris que je n'avais pas le pouvoir de contrôler les messages énergétiques qui nous étaient envoyés, parce que ces synchronicités ne sont pas personnelles : elles sont l'écho de toutes les consciences.

Le cosmos est un gigantesque reflet de nous-mêmes. Les synchronicités, les coïncidences, la chance, le hasard, qu'il soit heureux ou malheureux, en sont les miroirs. Remarquez-les, regardez-les et vous rendrez le salut que vous fait l'univers en toute modestie !

II

ITINÉRAIRE VERS L'INFINIE PUISSANCE DE L'ESPRIT !

1.
DÉMARRAGE :
L'INSTANT PRÉSENT,
VOTRE NOUVEL ET UNIQUE ESPACE

« Soyez véritablement là où vous êtes. Regardez autour de vous. Simplement, sans interpréter. Voyez la lumière, les formes, les couleurs, les textures. Soyez conscient de la présence silencieuse de chaque objet, de l'espace qui permet à chaque chose d'être. Plongez totalement dans le présent. »

Eckhart Tolle

Avant de prendre la route, il est nécessaire de faire un état des lieux de votre espace de conscience.

Jusqu'à maintenant, vous considériez qu'il y avait trois temps dans la vie : le passé, le présent et le futur. Or, sur les trois, deux n'existent pas.

Le passé appartient au monde des souvenirs et le futur à celui des projections imaginaires. Seul le présent vibre intensément et ne se rattache à rien qui existe. Dans l'instant présent, des événements se déroulent sans que ne se manifeste votre mémoire ou votre mental. Autrement dit, cet univers est un espace neutre, parfaitement équipé pour vous ressourcer dès que les pensées deviennent encombrantes. Il n'y a pas d'inconscient dans l'ici et maintenant. **Dans le moment présent, vous n'êtes ni vos pensées, ni vos émotions, ni vos perceptions sensorielles.** Vous êtes dans une bulle où seule votre respiration vous rappelle que vous êtes un être fabuleux issu du mélange de la matière et de l'esprit.

L'instant présent a une fonction très précise : vous reconnecter à votre conscience quand celle-ci est submergée.

Peut-être connaissez-vous comme moi des matins où l'on se réveille les cheveux ébouriffés avec une tête d'héroïne de *Survivor* (sorte de film d'horreur), ramenant un souvenir de notre rêve, la fatigue. En ce qui me concerne, les traitements pour adoucir les douleurs de l'endométriose fonctionnent jusqu'à un certain point. Je dors mal et mon sommeil n'est pas réparateur. Parmi les effets secondaires des traitements, les sueurs nocturnes me réveillent la nuit par intermittence. Le matin, je suis exténuée, ce qui entraîne des idées noires, des remords ; les plaies du passé s'ouvrent et s'évertuent à vouloir reprendre leur place dans mon cerveau. Il en résulte que les émotions sont exacerbées et il m'est impossible de supporter les pressions du quotidien.

Si je sais pourquoi je suis dans cet état, il me faut tout de même me dégager de ce mental fragile qui m'alourdit. **Je vais alors diriger mon attention sur mes habitudes quotidiennes, sans me poser de questions.** Je laisse les émotions positives prendre le pas sur celles qui sont désagréables en appréciant la chaleur de ma tasse de thé, en la dégustant, laissant l'odeur du pain grillé me promettre un matin plus savoureux, en écoutant les petits oiseaux chanter.

Toutes ces choses vous semblent insignifiantes, et pourtant, quand vous les vivez sans penser, telles qu'elles sont au moment présent, elles vous font avancer quand vous avez l'impression de faire du surplace, voire même de régresser.

Dès que je le peux, je m'adonne à des activités créatives qui vont naturellement m'ancrer dans le présent. Cela peut être lire et écrire, écouter de la musique et chanter, pratiquer une activité artistique manuelle comme la céramique, la sculpture, la peinture ou le dessin. Cela permet de garder en soi cette bulle qui vous sépare du passé et du futur. Chaque fois que vous créez, prêtez-y attention une seconde et savourez cet état salvateur.

Votre liberté viendra du fait d'être présent.

Chaque fois que vous ramènerez votre attention sur l'instant présent, vous saurez que vous êtes la conscience de l'Univers avec lequel tout se produit.

À ce titre, il ne faut pas confondre *le présent*, où les choses se passent comme sur une horloge avec son cortège d'émotions, et *le moment présent*, qui est l'espace virtuel où les événements de votre vie se déroulent. Toujours constant, il est l'éternel.

Le moment présent ne constitue pas le contenu de votre vie : il est votre véhicule, unique, d'une valeur inestimable.

*

Pour accéder à votre espace de conscience, vous n'avez pas besoin de méditer profondément. Il suffit de diriger votre attention dessus, c'est-à-dire sur le moment présent. Observez votre respiration sans la dénaturer. Cessez de penser au passé et au futur. Laissez-les fondre comme neige au soleil. Plus vous vous concentrez et plus vous serez dans l'instant présent. Si, au début, il est difficile de se détacher du temps, alors ne soyez qu'observateur. Allez-y piano, piano, dans le calme. Vous êtes le seul maître à bord.

Quand vous comprenez que vous êtes dans l'instant présent, il est plus facile de vous détacher de tout ce qui vous perturbe. Des réalités vous viennent naturellement à l'esprit : « **Si je suis le témoin de ce qui se passe dans ma vie et que je ne fais pas partie du contenu, alors je suis une conscience vivante et bien réelle.** »

Vous avez une infinie puissance pour vous extirper de l'adversité, qu'il faut travailler.

La première étape du parcours va être d'accepter l'inacceptable pour trouver la paix.

CODES DE LA ROUTE

Gardez en vous seulement
le moment présent.

Pratiquez une activité créatrice aussi
souvent que vous le pouvez.

Dès que les émotions et les sentiments
prennent trop de place dans votre
quotidien, dirigez votre attention sur votre
respiration pendant une minute.
À répéter autant de fois qu'il le faudra !

2.
Connaître la souffrance et la peur, c'est découvrir qui l'on est

« C'est souvent parmi ceux qui ont le plus souffert qu'on trouve les gens les plus joyeux et les plus inébranlables intérieurement. »
Dalaï-Lama

Je ne vous apprends rien, notre monde est fait de joies et de peines, de bonheurs et de malheurs. Nous les expérimentons au fur et à mesure de notre évolution.

Dans mon quotidien, avec l'endométriose, je suis soumise à des moments d'intense fatigue, des céphalées intempestives et des maux de ventre. Mais je pense aussi à tous ceux qui ne peuvent plus marcher, qui ne voient plus, qui n'entendent plus et/ou ne parlent plus. Tous ceux qui vivent avec un ou des handicaps physiques et qui nous donnent de sacrées leçons de courage. L'univers nous envoie ses héros ! Ils n'ont pas de superpouvoirs, mais une force d'esprit hors du commun. Nous avons des choix à faire tout au long de notre vie pour le meilleur et pour le pire. Ces choix conditionnent nos objectifs, notre façon de penser, notre façon d'avancer. Ces personnes ont fait le choix de vivre avec ce qui *est*.

Ce qu'il faut admettre, c'est que la souffrance et la peur sont omniprésentes sur notre route. Et même si parfois nous parvenons à gagner une bataille en prenant des cachets, la guerre contre elles ne se termine jamais. Elles finissent toujours par revenir sous une autre forme.

*

Il y a trois ans, après avoir senti les prémices d'une nouvelle montée de conscience, je me suis sentie plus forte et j'ai eu l'impression de n'avoir plus peur de quoi que ce soit puisque j'avais connu l'inacceptable en perdant un être cher. Comme je me trompais ! Un soir, en voulant secouer la couette par dessus le balcon, je ne me suis pas aperçue que j'avais laissé mon téléphone portable dessus, caché entre deux plis. Au moment où j'ai suspendu la couette, je l'ai vu faire un superbe vol plané de quatre étages. J'ai eu le temps de me dire « et merde ! » au moins quatre fois, soit la durée de la chute de quatre secondes ! Je réalisais bien ce qu'il se passait, allant même jusqu'à ressentir ce que procure une chute libre. Je n'allais plus avoir de téléphone, plus d'agenda, mes notes effacées… J'ai couru pour aller le chercher et je l'ai retrouvé dans la nuit par terre, allumé. Sa coque l'avait sacrément bien protégé. Il était simplement éraflé et son écran tactile fonctionnait encore. J'étais soulagée et je me suis sentie bénie des dieux… sauf que trois mois plus tard, alors que je montais dans l'avion pour aller passer mes vacances en Grèce, une angoisse de mort a surgi de nulle part. J'ai eu tout d'un coup une peur monstrueuse de l'avion – peur de ne rien maîtriser, peur d'un éventuel crash, bref, une peur irraisonnée que je n'avais jamais éprouvée auparavant. Je n'ai pas cessé de pleurer durant le vol, jusqu'à me dire que j'allais retrouver mon père en perdant la vie dans un accident d'avion.

D'après les explications de mon psy, j'avais développé une peur panique de l'avion et de son vol à cause de la chute de mon téléphone portable. J'avais fait un transfert ! J'étais devenue mon portable. Aujourd'hui, j'ai toujours peur de prendre l'avion et chaque fois que je dois effectuer un vol, je me concentre sur le fait que tout vient de mon *mental.* Lorsque je suis dans l'avion, la meilleure option que je connaisse est ainsi de diriger mon attention sur mon bien-être, et exclusivement sur mon bien-être !

La peur est comme tout sentiment : une illusion du mental qui s'infiltre dans votre vie pour le meilleur et pour le pire.

Le choix principal qui implique votre être et qui revient en permanence sans parfois que vous ne vous en rendiez compte est : **vais-je laisser la souffrance empiéter sur le reste de ma journée, ou vais-je essayer de l'apprivoiser ?**

Cette souffrance, qu'elle soit physique ou mentale, nous essayons toujours de la contourner parce que nous avons l'instinct de survie. La douleur physique va déclencher en vous une résistance parce qu'il n'y a rien de plus normal que de s'y opposer. Le corps se crispe ainsi que votre mental. L'ego va se régaler en s'identifiant à une victime. S'ensuivront tous les sentiments négatifs comme la colère, la frustation, l'irritation, l'agitation et compagnie. **Pourtant, en décidant d'être heureux malgré tout, vous pouvez épurer ce mal. Focalisez votre attention non pas sur la douleur, mais sur ce qui vous rend heureux dans la vie de tous les jours.** Cela aura pour effet de lui faire perdre son intensité. Positionnez-vous ensuite en tant que *témoin* de cette douleur. Elle existe dans votre corps comme signal, *mais elle n'est pas vous.* Observez-la simplement sans lui donner de l'importance. Dites-vous qu'elle disparaîtra quoi qu'il arrive, *parce qu'elle n'est là que pour jouer son rôle d'informatrice.* Inutile de pester, votre cerveau percevra le message qu'il faut qu'elle redouble d'intensité ! Laissez-la être et ne résistez pas. Soyez patient, *elle disparaîtra quoi qu'il arrive.*

*

À la différence de la douleur physique, la souffrance mentale est *virtuelle*. Elle est présente à chaque instant, tapie dans l'ombre, attendant l'opportunité de se connecter à votre cerveau. Les êtres humains souffrent par nostalgie, parce que nous gardons en nous les blessures du passé. Nous souffrons parce que nous imaginons un futur terrible, souvent à la suite d'expériences que nous n'avons pas surmontées. Nous souffrons, à tort, parce que nous nous en remettons à nos peurs. La peur prend les commandes de votre vie. Les hommes ont peur de ne pas savoir qui ils sont, peur de perdre ce qui leur est dû, peur de reproduire les erreurs du passé, peur de l'inconnu et en particulier du changement, peur de perdre un être cher, peur de la mort et dans quelles conditions.

Finalement, nous avons peur de vivre, tout simplement !

Vivre signifie expérimenter sa vie sous toutes ses coutures en fonction de vos choix.

Avoir peur fait partie du processus de la vie : c'est naturel, mais cela ne doit en aucun cas devenir pathologique.

Toutes les peurs sont des fantasmes de votre mental, elles ne sont absolument pas garanties par quoi que ce soit et sûrement pas par les spéculations des uns et des autres. Si vous optez pour le choix d'être heureux en toutes occasions, vous découvrirez que vous n'êtes pas vos peurs et vous allez devoir transformer la toute première peur en question : **Qui suis-je?**

En résolvant cette énigme datant de la nuit des temps, vous n'aurez plus peur, vous n'aurez plus d'angoisses ; vous découvrirez votre véritable identité, vous irradierez de bonheur et vous le partagerez avec amour.

Les souffrances et les frissons seront perçus comme des expériences nécessaires pour vous prouver leur inutilité. Ils seront toujours là, mais ils n'auront plus ou peu d'impact sur vous. Vous aurez la capacité de changer votre monde en transformant et en améliorant votre vision des choses. L'hédonisme sera votre arme de prédilection, une bombe qui éclate les énergies négatives et que vous allumerez par la mèche de la confiance ! Doté de la force universelle, vous aurez foi en vous. Vous vous éveillerez sur un nouveau plan de conscience : celui de la spiritualité.

CODES DE LA ROUTE

Acceptez la peur et la souffrance, elles font partie intégrante de votre existence.

Apprivoisez-les en comprenant leur signification et leur rôle.

Découvrez-vous grâce à elles.

3.
L'EGO, L'ENNEMI PUBLIC N° 1

« Le bonheur est né de l'altruisme
et le malheur de l'égoïsme. »
Bouddha

« Sois proche de tes amis, et encore plus proche de tes ennemis », disait Francis Ford Coppola. Votre seul et unique ennemi sur la route de la pleine conscience, c'est votre *ego*. **Soyez proche de vous !**

Dans le domaine de la psychanalyse, l'ego est le « je » d'un être humain qui officie en tant que « gendarme ». Il est supposé remettre de l'ordre et défendre le psychisme de l'individu quand celui-ci est confronté aux forces internes comme les pulsions, mais aussi aux expériences de vie, forgeant ainsi une morale personnelle.

Lorsque vous entrez dans la spiritualité, vous comprenez très vite que l'ego qui habite votre mental n'a rien à voir avec celui de la psychanalyse, ce défenseur acharné qui veut maintenir votre équilibre de vie. Il est tout le contraire. **L'ego est votre ennemi public n° 1.**

Il est cette composante du moi qui vient de l'extérieur et qui vous berce d'illusions pour vous fondre dans la masse – à ne pas confondre avec votre *caractère*, qui lui est un savant mélange de votre héritage génétique et de vos perceptions d'enfant. Cet ego, qui tour à tour vous veut du bien ou du mal, n'a qu'un seul objectif : vous faire oublier que vous êtes avant tout une *âme*, libre d'expérimenter chaque recoin de l'existence humaine. L'ego veut se sentir puissant face aux autres egos. Il préférera la routine à la créativité pour se sentir en sécurité.

L'ego adore exercer son pouvoir et contrôler tout ce qui vit parce qu'il se croit dieu !

Notre système social actuel idolâtre cet ennemi interne. C'est un bon client : il génère des émotions plus ou moins fortes qui nourrissent le pouvoir matériel.

Votre mission, si vous l'acceptez, est de le détecter quand il agit sur votre mental. Faites-lui comprendre clairement qu'il ne contrôle en aucun cas votre destinée et que s'il veut être une composante bénéfique de votre santé mentale et physique, il devra se faire tout petit. Ainsi seulement, vous pourrez l'avoir en allié.

Pour exister, l'ego a besoin d'ennemis. Il va ainsi se nourrir de conflits avec quelqu'un ou quelque chose. Il va créer des sentiments illusoires de supériorité et d'infériorité. Il va diriger votre attention sur le fait que vous êtes heureux ou malheureux suivant les jours de son choix. C'est d'ailleurs dans ces instants-là que le moment présent va lui remettre les pendules à l'heure !

1er exemple concret: Il existe une expression dévalorisante qui revient souvent dans les conversations: il s'agit du «Trop bon, trop con!» C'est un jugement sorti tout droit de votre ego ! Quand vous avez décidé de faire quelque chose pour le bien d'autrui (n'importe quand et à n'importe quelle fréquence) et que la ou les personnes vous «trahissent», cela ne concerne pas vous et les autres : cela concerne votre ego qui essaie désespérément de se nourrir de la trahison. Les gens rongés par leur ego vont vous juger très vite et vous cataloguer comme niais parce que trop gentil. Mais qui a déclaré que l'abus de bonté était un défaut? Lorsque vous décidez d'aider autrui, vous vous confrontez à l'inconnu puisque vous ne savez pas quelle sera la réaction de l'autre. Le fait de soutenir et accompagner autrui avec un cœur pur et enthousiaste est une action issue de la grâce. Finalement, cette action, qu'elle soit concluante ou pas, est une affaire entre vous et l'Univers, et non pas entre vous et l'Autre!

Cela fonctionne aussi avec toutes les autres expressions dévalorisantes comme «On ne vit pas dans le monde des Bisounours ! » Aucun ego n'a le pouvoir de vous dire à quoi il faudrait croire pour être heureux et atteindre l'éveil ! Le sentiment de culpabilité est un mets savoureux pour l'ego, il en raffole ! À travers ce sentiment dévalorisant, il va vous faire sombrer et vous faire croire que vous n'avez pas le droit au bonheur. À chaque instant de votre vie sur Terre, vous avez le droit d'être heureux. **Que vous soyez dans une expérience de vie difficile qui provoque en vous des sentiments de tristesse, de chagrin ou même de désespoir, vous pouvez à tout moment déclarer que vous êtes heureux. Parce que le bonheur n'est pas issu de votre ego !** Le bonheur vient de votre âme et se diffuse comme la lumière dans votre cœur et votre mental. Quand l'ego vous domine, vous pouvez observer qu'il est bien plus facile de détester et de critiquer ceux qui vous entourent que de les apprécier et de les aimer à leur juste valeur.

La phrase de Jean-Paul Sartre, « *L'enfer, c'est les autres* »[2], n'a de sens que dans le monde matériel. Dans la spiritualité, l'enfer ne sera jamais les autres, mais seulement vous et votre

[2] Extraite de sa pièce *Huis Clos*.

rapport avec votre ego. L'enfer, c'est votre ego et son pouvoir de créer des émotions illusoires.

Reconnaître que nous sommes pourvus de l'ego en tant qu'humain, c'est déjà savoir que l'on peut le freiner voire même l'éradiquer.

2e exemple concret : Vous entrez dans une violente colère. Dites-vous simplement qu'elle ne vient que de votre ego. Cette colère est entrée en vous, car en l'espace d'un instant, votre mental lui a laissé la porte ouverte. Laissez passer cette colère, car elle est éphémère. Ensuite, concentrez-vous sur votre bulle de protection, *le moment présent*. Lâchez prise sur ce qui se passe, car ce qui se passe n'est pas important. Ce qui est important, c'est ce que l'Univers vous fait expérimenter pour que vous vous éleviez. Concentrez-vous sur le fait que la colère n'est pas *réelle :* elle ne vient pas de votre *âme.*

Tous les sentiments, toutes les émotions ne durent jamais. Ils s'évanouissent, ils fondent comme neige au soleil. Et le soleil, c'est votre destinée. Le soleil, c'est le chemin que vous propose l'Univers.

CODES DE LA ROUTE

L'ennemi juré de tout être humain
est l'EGO.

Votre allié contre ses attaques
est votre personnalité.

Tous les sentiments négatifs sont créés par
l'ego et ne vous représentent pas.

Détectez-le pour le freiner dans sa course.

4.
LÂCHER-PRISE, LE MÉCANISME

« Je crois que tout arrive pour une raison.
Les gens changent afin que tu puisses apprendre
à lâcher prise, les choses vont mal afin que tu
puisses apprécier quand elles vont bien.
Tu as cru à des mensonges donc tu apprends
à ne faire confiance qu'à toi-même. Et parfois,
les bonnes choses tombent en morceaux afin que
de meilleures choses puissent arriver
par la suite. »
Marilyn Monroe

Durant ma vie d'adolescente et de jeune adulte, je souffrais de bipolarité et faisais de la dépression chronique. Cette maladie dite psychologique ou psychiatrique ne peut pas se soigner sans une thérapie adéquate et des médicaments adaptés. Vingt ans plus tard, des spécialistes ont l'idée de me faire passer une IRM et l'on découvre, en fait, que je porte en moi une maladie encore très mal diagnostiquée, l'endométriose.

Aujourd'hui, je peux vous affirmer qu'avec la méditation et l'entrée dans la pleine conscience, vous pouvez contourner ces maux du corps. Il en est de même avec la tristesse, le désespoir et toutes les émotions négatives qui nous mettent plus bas que terre. Attention, je ne dis pas que la méditation guérit les maladies et le mal-être, je dis qu'elle permet de vivre avec, tout en soulageant considérablement la douleur, et elle optimise votre capacité à surmonter l'adversité.

*

Après le décès de mon père, j'ai eu l'impression qu'on m'avait arraché un membre. Une partie de moi s'était envolée en fumée, tout comme le corps de mon père dans l'incinérateur. Je traînais cette sensation douloureuse, psychologique et mentale. J'ai dû redoubler d'efforts et résister pour ne pas retomber dans une dépression. Je me suis dit que mon papa n'aurait pas voulu me voir comme ça, et je ne voulais pas qu'il me voie souffrir de là où il était. Il me fallait trouver une porte de secours. Alors, j'ai appris à *lâcher prise.*

Le lâcher-prise est cette action de dissoudre votre ego.

Lâcher prise ne signifie pas renoncer à se battre ou se sacrifier. C'est se donner l'opportunité de voir les problèmes autrement que dans leur contexte toxique.

Quand on lâche prise, on n'abandonne pas. On apprend à observer différemment la situation, aussi complexe soit-elle. On sort du cadre imposé par le mental et l'ego. On survole le marasme comme un aigle pour le rendre insignifiant.

Vous n'allez plus combattre : vous allez sublimer une situation négative. On a parfois l'impression qu'il n'y a pas d'issue face à des contraintes de vie qui sont perçues comme sans espoir ; que le fatalisme domine notre quotidien. Il en est tout autre. Lâcher prise sur ce qui vous rend malheureux, c'est déjà faire le choix d'être vainqueur quoi qu'il arrive.

Lâcher prise, c'est être optimiste face à l'adversité. Quand vous diffusez de l'énergie positive, les choses changent. Rappelez-vous : rien n'est figé dans le temps, tout évolue et le lâcher-prise permet de mettre toutes les chances de votre côté.

Imaginez : vous avez raté un entretien d'embauche, vous êtes en plein divorce, vous avez une gastro et pour couronner le tout, vous vous trouvez dans des embouteillages en plein milieu de l'autoroute. La totale d'un *bad day* !

La première chose à faire pour assimiler toutes ces données et pour ne pas péter les plombs, c'est de **hiérarchiser les contraintes**. Une chose à la fois ! Si vous êtes trop malade pour conduire, arrêtez-vous, prenez votre temps et faites appel aux secours si besoin. Les embouteillages ne prendront pas plus d'ampleur parce que vous vous arrêtez sur le côté et les secours sont faits pour ça ! Vous arriverez chez vous sain et sauf !

En ce qui concerne cet entretien qui a mal tourné, peut-être était-ce à cause de cette gastro que vous couviez ? Quoi qu'il en soit, même si vous rêviez de ce job, il n'était pas fait pour vous. Dites-vous que l'Univers a très certainement autre chose à vous confier pour faire évoluer l'humanité ! Autrement dit, vous valez mieux que ce job et vous trouverez mieux. Et pour ce divorce qui vous mine et qui pollue votre mental, dites-vous que rien n'arrive par hasard. Établir un divorce, cela prend du temps et ça tombe bien, vous allez le prendre, ce temps ! Se séparer est une chose, mais personne ne vous empêche de méditer sur cette situation et de faire en sorte que ce nouveau départ devienne une superbe opportunité de vous réinventer. **Rappel : rien n'est constant, tout sentiment et toute émotion évoluent.**

En hiérarchisant ce qui vous arrive, vous êtes conscient de chaque événement et vous lâchez prise dans la maîtrise. **En acceptant ce qui est, vous lâchez prise en vous détachant**

et vous êtes vainqueur des turbulences de la vie.

Le fait d'être *intérieurement* heureux tient du fait que *vous n'exigez plus rien de vous, ni des situations*, aussi complexes soient-elles. Être en paix n'a pas de prix : il faut vous détacher du mal qui vous affecte.

On appelle cela *l'équanimité*, l'équilibre du mental.

Que vous viviez une situation agréable ou désagréable, l'équanimité est la capacité de votre mental à se détacher avec sérénité de toute émotion qui vous électrise. Drôlement pratique ! Quoi de mieux que de vivre sans attachement, ni aversion pour quoi que ce soit ? Cette équanimité est la résultante du fameux lâcher-prise. Elle est présente en nous, mais il faut la travailler chaque jour.

Pourquoi faut-il la travailler ? Parce que le jour où vous vous sentirez « débordé » et donc mal à l'aise face à une vague de sentiments, vous pourrez utiliser votre paravent pour avancer. L'équanimité est constamment utilisée par les sages. Pour nous, les moins sages, amoureux de la passion, elle est idéale pour se détacher des situations que l'on a tendance à provoquer pour se sentir exister !

Chez moi, il n'y a pas d'enfants, mais j'ai à mes côtés une petite Mina. C'est une chatte de race Mau égyptien que je considère comme ma fille. En observant notre relation et son comportement, chaque jour, elle m'apprend beaucoup. Si je suis sans arrêt en train de l'embrasser et de la caresser pour lui prouver mon amour, elle, en revanche, sait mieux que personne me le faire comprendre et à des moments très précis, par exemple lorsque je suis zen. Mina me parle d'amour avec son propre langage sans se laisser emporter par ses émotions. En général, elle me fixe et cligne des yeux très calmement. Dans ces moments précieux, j'ai même l'impression qu'elle m'esquisse un sourire me gratifiant de son savoir !

Quand je reçois des invités, Mina les salue par sa présence, mais ne se laisse pas caresser. Elle apprécie tout le monde, mais avec des réserves. Bien avant que je ne le remarque, les sages parlaient déjà de l'équanimité du chat.

Une pratique simple pour éviter l'attachement : traiter tout et tout le monde de la même façon. Autrement dit, **vous n'êtes l'objet de personne et vous devez respecter et vous faire respecter par les autres.**

CODES DE LA ROUTE

Prenez le temps d'observer les épreuves que vous vivez sous un autre angle que celui de votre ego.

Ne prenez pas en considération les bla-bla de votre mental, ils ne sont pas constructifs !

Restez optimiste afin de diffuser de l'énergie positive.

5.
La méditation, ou l'itinéraire lucide

« Le plus grand voyageur n'est pas celui qui a fait dix fois le tour du monde, mais celui qui a fait une seule fois le tour de lui-même. »
Gandhi

La méditation est l'activité qui vous met en contact avec votre conscience.

Vous pouvez être en méditation quand vous pratiquez une activité artistique, quand vous créez, quand vous faites du sport, quand vous lisez, quand vous vous ennuyez ou que vous ne faites rien. **La méditation peut se traduire dans toute expérience qui vous incite à dialoguer avec votre conscience.**

Vous n'êtes pas obligé d'adopter la pratique de méditation formelle des traditions spirituelles (se mettre en tailleur, ne plus bouger et fermer les yeux) si cela ne vous convient pas. En ce qui me concerne, je médite en chantant et en marchant. Lorsque je chante, ma voix crée des sons qui vont stimuler à la fois mon corps et ma conscience. Chanter va provoquer en moi une profonde tranquillité d'esprit. Je vais me sentir en paix et je vais pouvoir accéder à un état de conscience magnifié.

Il m'arrive souvent de me réveiller avec une mélodie dans la tête. Cela peut être une chanson connue, parfois une pure création de mon esprit. Comme je ne sais pas jouer d'un instrument, ma voix fait le relais entre l'idée et la matérialisation. Il y a une chanson toute particulière que j'ai intitulée « My Prayer » qui accroît mon niveau de conscience à chaque fois que je la chante. Elle est apparue un matin peu de temps après la disparition de mon père. L'association de la musicalité et des paroles me permet de méditer.

Contrairement à ce que l'on pourrait penser, le fait de chanter pour entrer en méditation n'est pas si rare. Les moines tibétains utilisent des chants sacrés. Dans les messes, l'objectif des chants religieux est de permettre de se connecter au Divin. Ici, la particularité est que votre propre création vous ouvre les portes de la méditation de pleine conscience. En pratique, laissez la mélodie et les paroles sortir de votre bouche. Observez les sensations dans votre ventre, dans votre poitrine, dans votre gorge, dans votre tête et dans votre bouche. Laissez le souffle des mots vous procurer un effet de bien-être. Observez votre respiration qui consolide les mots que vous prononcez. Vous constaterez au fur et à mesure une sensation de légèreté qui emplira votre corps. Vous sentirez comme il est facile de respirer en chantant et vous vous sentirez porté par quelque chose qui n'est pas physique. Ce quelque chose, c'est la pleine conscience qui s'ouvre à vous petit à petit.

Vous êtes le créateur du lien qui unit votre voix et votre conscience.

Ainsi, quand je marche, je vais à la fois me concentrer sur ma respiration et le rythme de mes pas. Le fait de bouger va accélérer le processus de bien-être et je peux plus facilement me détacher de mon mental.

*

Pour accéder au niveau silencieux de la conscience afin qu'elle puisse vous parler, vous devez avant toute chose vous concentrer sur votre respiration.

La respiration est votre source de vie, c'est elle qui vous rappelle que vous êtes le véhicule de votre âme fait de chair et de sang dont le moteur est votre cœur.

Votre respiration est intimement liée à votre esprit. Suivez-la, elle est votre guide. Vous allez ensuite sentir un rythme : c'est celui de votre corps. Il est le chemin qui mène à votre conscience. Isolez-vous, trouvez le silence et souvenez-vous qu'il faut toujours être le témoin de ce qui se passe en chemin. Vous allez donc *observer*.

Observez le rythme, observez vos sensations physiques, observez ce qui vous entoure puis revenez à l'observation de votre respiration, simplement, sans vouloir la contrôler.

Au fur et à mesure, votre corps va se détendre ; le stress va disparaître et vous allez vous sentir très relaxé, jusqu'à parfois même vous endormir si vous êtes couché. Cela signifie que votre corps a besoin de sommeil avant d'accéder à une profonde méditation. Écoutez-le et dormez ! À votre réveil, vous pourrez recommencer le processus plus facilement, car votre corps sera totalement détendu. En chemin, vous constaterez des pensées qui traversent la route. Elles sont issues de votre mental et elles ont vu la possibilité de se libérer de celui-ci. **Laissez traverser les pensées avec bienveillance.**

Rappelez-vous d'une chose à ce moment-là : **vous êtes le conducteur, l'observateur, vous n'êtes ni vos pensées ni votre mental.** Ces pensées arrivent et repartent, elles colorent seulement votre route. N'essayez pas de les gommer, vous ne feriez qu'accentuer le trait !

Prenez le temps. Avancez à votre allure.

Et quand il n'y aura plus une goutte de stress, plus de pensées échafaudées par votre passé et votre futur, vous verrez un rayon de soleil sous forme d'*intuition*. Un intime silence prend naturellement sa place dans votre être. Vous allez sentir une soudaine compréhension des choses qui vous entourent. C'est comme si vous aviez à l'esprit des réponses aux questions que vous vous posiez, un panorama d'informations sur la vie. Des inspirations se profilent, des pensées pures qui n'ont rien à voir avec celles du mental. Vous êtes conscient de toute chose qui existe autour de vous et vous êtes conscient de l'être vivant que vous incarnez. L'inconscient n'a plus sa place, vous *savez* et vous *êtes*.

À ce moment précis, vous êtes arrivé à destination. Vous êtes en pleine conscience.

CODES DE LA ROUTE

Usez et abusez de la méditation !

Pratiquez une activité que vous aimez en incluant la méditation.

N'oubliez jamais de respirer !

Observez le bien-être de l'association méditation et respiration.

Prenez votre temps, ne vous découragez pas : vous allez y arriver !

6.
La pleine conscience, état de grâce

« L'âme devrait toujours garder
sa porte entrouverte. »
Emily Dickinson

La pleine conscience est l'état d'attention poussé à son paroxysme, qui permet de se détacher de la matière et des conditionnements mentaux. Elle permet de faire le ménage, de purifier le mental. Elle permet aussi de ressentir les énergies qui nous entourent et libère la vision de la réalité ultime en toute chose.

La pleine conscience est le facteur essentiel pour atteindre l'éveil.

*

Comment sait-on que l'on est en pleine conscience ?

Les ressentis de la pleine conscience sont ceux que je viens de citer à propos de la méditation. Vous savez *intimement* que vous n'êtes pas dans l'imagination. *Cet état est réalité.* La paix intérieure habite votre corps. Plus de tensions, plus d'angoisses, plus de mal-être. Vous êtes dans la joie, et le sourire vous monte naturellement jusqu'aux oreilles. Le silence le plus noble vibre en vous. Les énergies sont visibles par prescience, vous percevez les couleurs des auras. Vous pouvez même entrevoir les synchronicités.

En ce qui me concerne, l'état de pleine conscience n'apparaît pas pendant la méditation mais après. L'action de méditer va ouvrir la porte d'une nouvelle conscience. Il faut donc avoir de la patience.

En pleine conscience, vous êtes connecté aux forces du cosmos, et vous ressentez une énergie qui se dégage plus que les autres. Ici-bas, nous l'appelons « amour ».

Pour entrer en pleine conscience, le meilleur moyen est encore la méditation, mais la première fois que je l'ai découverte, j'étais dans une église pendant l'éloge funèbre pour l'enterrement de mon père.

Il y a eu un déclic. Je ne pourrais pas vous dire ce qu'il s'est passé, ce qui l'a déclenché. Peut-être à cause du lieu, ou peut-être le fait d'avoir été très attentive à tout ce qui m'entourait ainsi qu'à mes émotions dans le moment présent ; peut-être un mélange parfait de choses teintées d'une note de divinité due au lieu ? En tout cas, j'y étais et cela a été d'une limpidité immédiate. Ce jour-là, j'ai su que tout était possible et que cet état allait changer le reste de ma vie.

Alors que tout le monde s'était assis et que le prêtre s'apprêtait à faire son office, une douce chaleur s'est emparée de mon corps.

Plus le prêtre parlait, plus je ressentais un calme intérieur, une tendre béatitude, un immense bien-être. Je me sentais infiniment bien, apaisée, en grâce. Je devais prononcer le discours retraçant l'histoire de mon papa devant une centaine de personnes et je n'avais absolument pas peur. J'étais même heureuse, et tellement fière de parler de lui. Je n'avais plus du tout envie de pleurer : j'avais envie de célébrer sa vie. Je regardais la statue de Marie et je me rappelle m'être demandé si ce miracle venait d'elle. Alors que tout le monde pleurait autour de moi, j'étais dans la joie et le calme.

Le prêtre m'a appelée et je me suis dirigée vers l'autel avec enthousiasme. Instinctivement, avant de lire le texte que nous avions préparé, mon frère et moi, j'ai dit dans le micro : « Je vous remercie tous d'être présents pour papa. Avant de lire, je voudrais vous adresser de sa part mon plus beau sourire. »

Ce sourire, le plus naturel du monde, qui illuminait mon visage, était le signe que j'étais en pleine conscience.

Depuis ce jour, j'ai travaillé cet état à l'aide de la méditation, mais pas dans l'immobilité la plus totale. J'utilise mes propres techniques qui sont liées à ma personnalité. J'ai voulu essayer la rigueur des pratiques spirituelles bouddhistes, en vain ! Une fois, déterminée à entrer en pleine conscience devant Bouddha (du moins sa représentation), je me suis inscrite à un après-midi d'initiation à la méditation dans une école bouddhiste doctrinale à Paris. Il fallait s'habiller en noir, prendre la pose en tailleur sur un zafu et se placer devant un mur blanc. Nous étions une cinquantaine, les uns à côté des autres. Je peux vous dire que le seul moment où je me suis sentie libre dans ma tête a été le moment où je suis partie du cours ! Pendant l'initiation, une sensation de claustrophobie m'a envahie. Je me suis sentie oppressée d'être devant un mur et entourée de personnes. Le calme qui devait être bénéfique pour la concentration m'a rendue plus angoissée qu'autre chose ! Ne m'avouant pas vaincue, j'ai persisté dans ces conditions qui manifestement ne me correspondaient pas, et il en a résulté une toux intempestive ! Mon corps parlait, je toussais jusqu'à m'étouffer. Je me suis enfin écoutée, je me suis levée, j'ai salué modestement le grand Bouddha central et je suis partie. Mon initiation avait duré en tout et pour tout 15 minutes, en comptant les explications de l'autoritaire maître zen avant la séance!

Cette leçon m'a convaincue de plusieurs choses sur la capacité d'entrer en pleine conscience. D'abord, qu'il ne faut pas nécessairement s'inscrire dans une école d'apprentissage, surtout si vous êtes un esprit épris de liberté comme moi! Ensuite, que **la pleine conscience est étroitement liée à votre personnalité** et qu'il faut rester dans le vrai.

La pleine conscience vous accueille tel que vous êtes. Soyez sincère avec vous-même.

Cet état est un réel éveil à la vie, à ce qu'elle est. Il répond à la question que vous vous posiez, «**Qui suis-je dans ce monde?**» et «**Pourquoi suis-je là?**» Vous vous souvenez, dans les bandes dessinées, de l'ampoule qui s'éclaire pour illustrer l'éclair de génie ? C'est exactement cela ! En pleine conscience, l'Univers vous gratifie de pensées géniales qui ne sont issues ni du passé, ni du futur. Elles sont présentes, réelles et très claires. Bien sûr, les réponses aux deux questions précédentes vont varier d'un être à un autre, mais ce qui est constant et ressenti à chaque fois, c'est que **vous êtes une âme énergétique qui a le choix de diffuser l'énergie qui lui est propre autour d'elle.** Une partie de cette énergie est universelle et ce qui me revient à chaque fois, c'est l'amour inconditionnel. Physiquement, je le ressens non pas à la place du cœur, mais à peu près au centre de mon front.

Parmi les messages que j'ai eu la joie de recevoir durant ces quatre premières années en pleine conscience, il y a ceux-ci :

Nous sommes manifestement ces fragments de l'Univers, cette formidable alchimie de poussières d'étoiles qui expérimentent la vie matérielle.

Le temps sur Terre est issu de notre non-savoir, de nos imperfections. Puisque nous ne savons pas qui nous sommes, le temps est créé. Si nous étions conscients de notre « magnificence », si nous étions conscients que nous sommes l'Univers en lui-même, nous serions dans l'éternel présent, notre monde, notre état d'être.

Nous sommes constamment dans le « pourquoi du comment » parce que nous n'avons pas conscience de notre magnificence.

MAGNIFICENCE
= MAGNIFIQUE CONSCIENCE

La vie sur Terre est le schéma de ce qu'il se passe après, le soleil est une représentation de la Lumière qui est notre cœur. Un soleil si loin de nous comme notre Lumière si éloignée par nos émotions et notre mental. En être conscient, c'est déjà s'en rapprocher. La Lumière est l'Amour, notre force. Unique pouvoir de ce que nous sommes.

Vous êtes la vie, plus ce que vous expérimentez dans vos chemins de destinée. Lorsque vous aurez confiance en vous, en la vie, et que vous aurez intégré que ce qui se passe autour de vous n'est qu'un schéma du monde énergétique, vous verrez les signes et les synchronicités.

La grâce nous sauve quand tout semble sur le point de s'écrouler. Elle nous touche souvent sans que l'on sache pourquoi, mais il est aussi possible de l'attirer à nous par nos pensées, par nos actions, en lâchant prise. J'ai compris qu'en jouant le jeu de la vie dans l'amour et la joie, la grâce serait souvent auprès de moi. J'ai confiance en elle. Et même si parfois je ne me sens pas à la hauteur dans certaines situations, je le suis intrinsèquement dans ma quête au plus profond de moi-même.

À l'échelle du cosmos, nous sommes l'infiniment petit. À l'échelle du monde quantique, nous sommes l'infiniment grand. Ce qui nous relie entre ces deux univers est la conscience. Elle est aussi vaste que le cosmos et le monde quantique.

La sagesse et la spiritualité sont deux états d'éveil. La sagesse est l'état d'éveil terrestre et la spiritualité est l'état d'éveil énergétique. Acquérir ce double état d'éveil permet d'observer une même situation sous différents angles simultanément. Ainsi, nous apprenons à vivre ici-bas tout en voyant au-delà des illusions terrestres. Nous vivons dans le monde matériel, mais nous ne nous y conformons pas.

Comme tout est énergie, nous sommes une énergie, la vie elle-même est une énergie faisant partie intégrante du cosmos. Tout ce qui est à l'extérieur de votre énergie ne vous rendra jamais pleinement heureux, car les choses extérieures ne nous constituent pas. Votre énergie se régénère par elle-même sans avoir besoin de choses extérieures. Les énergies de toutes choses vous accompagnent, mais elles ne seront jamais vous.

Ne doutez jamais de ceci: vous êtes l'être le plus important du monde, parce qu'au même niveau de l'âme, vous êtes le monde. Même si nous avons été formés à croire autrement.

CODES DE LA ROUTE

Il n'y en a pas ! Seule la grâce vous guide dans un Amour inconditionnel.

7.
En pleine conscience : l'amour, ce que nous sommes

À la fin des années 1980, Lieserl Einstein, la fille d'Albert Einstein, a confié 1400 lettres de son père à l'Université hébraïque, avec ordre de ne les publier que vingt ans après sa mort. Parmi elles se trouverait cette lettre, qui reste à ce jour un mystère.

« Lorsque j'ai proposé la théorie de la relativité, très peu m'ont compris, et ce que je vais te révéler maintenant à tranmettre à l'humanité rentre en collision aussi avec l'incompréhension et les torts du monde. Malgré cela, je te demande d'attendre le temps nécessaire avant de le publier, jusqu'à ce que la société ait assez avancé pour tenir compte de ce que j'explique ci-dessous.

Il y a une force extrêmement puissante pour qui jusqu'à présent, la science n'a pas trouvé une explication officielle. C'est une force qui comprend et régit toutes les autres et est même derrière tout phénomène qu'elle opère dans l'Univers et qui a été identifié par nos soins. Cette force universelle est l'Amour.

Lorsque les scientifiques étaient à la recherche d'une théorie unifiée de l'Univers, ils ont oublié la plus invisible et la plus puissante des forces : l'Amour est Lumière, parce qu'il éclaire celui qui s'y donne et la reçoit. L'Amour est gravité, car elle rend certaines personnes attirées par d'autres. L'Amour est la puissance, car elle démultiplie la meilleure chose que nous ayons et permet que l'humanité ne s'éteigne pas dans son égoïsme aveugle. L'Amour révèle et se révèle. Par l'Amour, meurt et vit. L'Amour est Dieu, et Dieu est Amour.

Cette force explique tout et donne son sens premier à la vie. Il s'agit de la variable que nous avons ignorée pendant trop longtemps, peut-être parce que l'Amour nous fait peur, puisque c'est la seule énergie de l'univers que l'homme n'a pas appris à gérer à sa guise.

Pour donner une visibilité à l'Amour, j'ai fait une simple substitution dans mon équation célèbre. Si, au lieu de E = mc2, nous acceptons qu'il peut être obtenu par l'énergie le pouvoir de guérir le monde à travers l'Amour multiplié par la vitesse de la lumière au carré, nous arrivons à la conclusion que l'Amour est la force la plus puissante qui existe, car il n'a pas de limites.

L'Amour est la seule et la dernière réponse.

Après l'échec de l'humanité dans l'utilisation et le contrôle des autres forces de l'univers, qui se sont retournées contre nous, il est urgent que nous nous nourrissions d'un autre type d'énergie. Si nous voulons que notre espèce survive, si nous voulons trouver un sens à la vie, si nous voulons sauver le monde et chaque être sensible dans la vie, l'Amour est la seule et la dernière réponse.

Peut-être nous ne sommes pas encore prêts à fabriquer une « pompe d'Amour », un appareil assez puissant pour détruire toute la haine, l'égoïsme et la cupidité qui affligent la planète.

Cependant, chaque individu porte à l'intérieur un petit mais puissant générateur d'Amour dont l'énergie est en attente d'être libérée.

L'Amour est la quintessence de la vie.

Lorsque nous apprenons à donner et à recevoir cette Énergie universelle, chère Lieserl, nous pouvons vérifier la puissance de cette formule. Car l'Amour est toujours vainqueur, il transcende tout et peut tout faire, parce que l'Amour est la quintessence de la vie.

Je regrette vivement de ne pas pouvoir exprimer ce qui dans mon cœur, a palpité silencieusement pour toi toute ma vie. Il est peut être trop tard pour demander pardon, mais comme le temps est relatif, j'ai besoin de te dire : je t'aime et grâce à toi, je suis arrivé à l'ultime réponse.

Ton père, Albert Einstein »

*

Tout comme la supposée lettre d'Einstein à sa fille, les derniers mots de mon papa furent : « L'amour, c'est la vie ». J'ai compris bien plus tard qu'il devait revenir de son profond coma pour nous délivrer cette phrase essentielle, que nous mettons souvent de côté parce que nous ne la comprenons pas vraiment. Aujourd'hui, je peux vous l'expliquer. Nous sommes la vie, et ce que voulait dire mon père, c'est que nous sommes l'énergie universelle.

La vie, c'est l'Amour avec un immense A !

Adulte, nous oublions qui nous sommes. Enfant, nous le savons plus que tout, nous vivons dans le moment présent à chaque instant. Rien n'est important mis à part l'amour de nos parents et de nos grands-parents. Les bébés ne se rattachent pas au physique de leur maman, mais à leur amour et leur attention à travers les câlins et les caresses qu'elles leur portent chaque jour. L'amour des êtres vivants permet leur développement intellectuel, leur capacité à s'intégrer dans un environnement et il permet leur évolution spirituelle.

Diffuser l'énergie de l'amour est notre vrai job sur Terre.

Il consiste à nous faire prendre conscience de qui nous sommes au-delà du matériel. Alors, bien sûr, nous n'allons pas gagner de l'or, mais nous allons élargir les consciences. Nous allons pouvoir nous élever, évoluer dans de bonnes conditions. Nous allons gagner en sagesse et faire prospérer la paix. Nous allons être les créateurs de notre destinée.

Nous sommes issus de l'énergie universelle que l'on nomme « amour inconditionnel » ici-bas.

La compassion, l'empathie, l'altruisme, la générosité et la bonté sont les notes de la musique de l'Amour. Danser sur cette musique vous donne la possibilité d'atteindre la sagesse. **Quand vous vous souciez du bonheur des autres sans être dans le jugement, vous leur donnez la possibilité d'entrer dans le domaine de la spiritualité.** Vous êtes l'investigateur d'une communication invisible qui se ressent. Vous ouvrez la porte de l'espoir par la solidarité. À ce moment-là, la grâce vous unit les uns et les autres, provoquant une énergie salvatrice. Se préoccuper du bien-être d'autrui, c'est ainsi se faire du bien à soi. Faites l'expérience dans la rue : si vous offrez un sourire gratuit à n'importe qui, on vous le rendra en retour. Et vous vous sentirez accompli. L'amour, tout comme le bonheur, est contagieux. L'empathie s'installe tout autour de vous et vous êtes immédiatement connecté.

L'amour universel est une énergie extrêmement puissante qui peut refréner les ego surdimensionnés.

Les colères peuvent se désamorcer avec l'énergie universelle. Il suffit d'y penser puis d'agir avec notre cœur ! Rien n'est plus fort que l'amour parce que cette énergie-là est notre essence. Nous sommes nés pour aimer, pour nous aimer et diffuser à profusion. Les guerres, les attentats, les disputes, les bagarres ne viennent jamais de personnes qui ne savent pas aimer : elles prennent naissance à la suite d'un bon lavage de cerveau, un travail acharné à mettre l'ego au premier plan jusqu'à éclipser notre essence universelle. Mais celle-ci est toujours en nous. Elle ne peut jamais nous échapper *parce qu'elle est nous.* Il suffit simplement de *la faire vibrer.* Et pour cela, il faut la partager, la diffuser encore et toujours pour contrer les mentalités qui basculent du côté obscur. Montrez chaque jour qui soit votre capacité à aimer les êtres vivants sur cette Terre, qu'ils soient humains, animaux ou végétaux.

Toute conscience doit être honorée par l'Amour pour que la Terre puisse tourner rond.

Cela dit, même si je vous l'explique et que cela paraît simple pour sauver le monde de sa torpeur, il y a quand même une difficulté à prendre en compte : **purifier ses intentions**. En d'autres termes, **savoir donner sans rien attendre en retour.** Ce qui n'est pas une mince affaire puisque nous sommes conditionnés par le donnant-donnant du système social. Rassurez-vous, j'ai trouvé une façon efficace de purifier ses intentions ! Il suffit de vous concentrer sur votre capacité à être altruiste envers des êtres qui, de toute évidence, ne pourront jamais vous rendre la pareille. Vous allez voir, c'est savoureux ! Ça vous remplit de joie et vous approchez la grâce avec tendresse.

Vous pouvez être bénévole dans une association ou agir seul, ou même les deux. Ainsi, dès que je le peux, je vais à la rencontre des plus démunis, qui n'ont pas de toit, qui n'ont plus rien à manger, qui survivent, pour leur offrir ce qu'ils demandent le plus. Parfois c'est une pièce, parfois discuter un instant, parfois juste un sourire. Dans des périodes hivernales où le froid brise leur chair, je leur propose de dormir dans une chambre d'hôtel à côté de leur campement ou dans un foyer.

Il n'y a pas que sur les humains que vous pouvez développer votre altruisme. N'oubliez pas qu'il y a des êtres sensibles doués de conscience qui n'attendent que vous pour être aimés. **Les animaux sont de pures consciences qui vivent au rythme de la nature.** Comme les enfants, ils séjournent dans le moment présent. Quand ils sentent que vous allez les aimer, ils se sentent ancrés dans votre réalité, plus vivants que jamais et ils vous communiquent intensément leur ressenti. Il est parfois plus facile de comprendre les êtres sensibles, car ils n'ont pas de barrière mentale.

Avec Mina, par exemple, la communication n'est pas parasitée par les sous-entendus. C'est si plaisant !

Les animaux sont une ode à l'amour. Ils sont ces êtres si sensibles, vivant éternellement dans l'innocence. **Ils nous apprennent à garder notre âme d'enfant.**

Un matin, en pleine conscience, cela m'a paru clair comme de l'eau de roche : manger de la viande ne me permettrait pas de comprendre pleinement le sens de la vie. J'avais des idées, des intuitions, des envies. Et puis, en regardant Mina, j'ai eu le déclic. Manger les êtres vivants parce qu'ils sont commercialisés, parce que le système discrimine les animaux pour le pouvoir et l'argent, je ne le concevais plus. Être heureux vient de l'intérieur, et non pas de l'envie de manger un steak-frites. Être heureux, c'est être en vie, et tous les êtres vivants conscients d'eux-mêmes sont heureux de vivre. Ma vie, je veux la partager avec la leur pour que notre bonheur illumine et réveille les consciences de cette Terre. Nous avons une chance phénoménale de les avoir auprès de nous.

Ce n'est pas l'homme qui nous éduque à la sagesse : ce sont les animaux et la nature qui nous la transmettent.

*

« J'ai abandonné la pêche le jour où je me suis aperçu qu'en les attrapant, les poissons ne frétillaient pas de joie. »
Louis de Funès, végétarien

La conclusion de ce chapitre, c'est que plus vous diffuserez de l'amour inconditionnel, plus vous serez respecté. En société, on percevra votre lumière dès que vous entrerez dans une pièce. Immédiatement, les personnes autour de vous se sentiront en paix. Vous serez connecté à toute personne et à toute chose. Faites-le sans retenue, n'oubliez jamais de dire « je t'aime » aux personnes qui résident dans votre cœur.

Vous comprendrez que l'amour réunit les cœurs de chaque être et vous n'aurez de cesse de transmettre ce savoir.

III.

Les ressources éveillées qui vous font du bien quotidiennement

1.
L'ÉNERGIE SALVATRICE DES PENSÉES POSITIVES

« Emporte dans ta mémoire, pour le reste
de ton existence, les choses positives qui ont
surgi au milieu des difficultés.
Elles seront une preuve de tes capacités
et te redonneront confiance
devant tous les obstacles. »
Paulo Coelho

« Je pense donc je suis », concluait le philosophe René Descartes. Mais d'ou viennent-elles, ces pensées qui font de nous des êtres doués de conscience ?

Imaginez que dans votre tête, il y ait une maison. Elle symbolise votre *mental.* Dans cette maison se trouve des pièces plus ou moins grandes qui correspondent à votre personnalité, à votre caractère et à votre patrimoine génétique. Les murs porteurs sont votre passé et les fenêtres votre potentiel futur. La lumière qui s'y diffuse vient des idées. Cette maison n'est jamais aboutie, il y a sans arrêt des aménagements à faire, des réparations et des changements parce qu'il y a des habitants. Dedans circulent l'ego et les pensées. Comme l'ego est très joueur, il s'amuse parfois à ouvrir les portes et les pensées s'échappent de la maison, du mental. Il crée des courants d'air et les pensées se projettent à l'extérieur, dans le monde physique, en *énergie.*

Le mental est fait de souvenirs et de projections qui conditionnent les pensées et les actions qui en découlent. Mais il ne détient pas à lui seul le pouvoir de l'intention.

Les pensées occasionnent les réactions du corps. Elles sont le point de départ des intentions. Exemple : je pense qu'il est l'heure d'aller déjeuner et mon ventre va gargouiller, ma bouche va saliver. Je pense que je vais me coucher et je vais me mettre à bâiller. Je vais penser à ce chien qui aboyait contre moi et je vais avoir des frissons, etc. Les pensées et le corps travaillent de concert avec le mental. Ce petit jeu marche aussi avec les sentiments. La pensée est un stimuli et l'émotion sa réponse. Exemple : je pense à mon ex et je suis exaspérée. Je pense à mon amoureux et je suis aux anges !

En revanche, la *conscience* est extérieure à votre corps. Bien qu'elle soit tout aussi immatérielle que le mental, elle y remet néanmoins de l'ordre. L'*intuition*, par exemple, contrecarre les intentions de l'ego de mettre le bazar. Écouter la *petite voix* permet de stopper net ses projets destructeurs, comme d'ensevelir le mental avec des obsessions. La conscience a aussi le pouvoir de créer et de transformer les pensées positivement. Aussi faut-il le savoir.

À tout moment, vous pouvez vous brancher sur la fréquence de votre conscience, tout simplement en y pensant. Elle va trans-

former de lourdes pensées en pensées positives et éthérées.

Quand mon papa se battait pour survivre en réanimation, je passais toutes mes journées dans la salle d'attente pour le soutenir. La salle ne faisait que 10 m^2, c'était un espace inconfortable. Il y avait très peu de sièges, une toute petite fenêtre qui donnait sur le parking, et un bon nombre de familles qui y passaient leur temps. Dans ce minuscule espace, toutes les semaines, je voyais défiler des personnes endeuillées, des familles qui en trente minutes passaient d'un sentiment d'espoir à un chagrin intense.

Dans ces 10 m^2, je ressentais la vitesse des énergies qu'insufflaient ces personnes. Je me suis dit que comme j'étais capable de les ressentir, je devais essayer de travailler les miennes afin de transmettre l'énergie la plus forte quand j'irais voir mon papa. C'est ainsi que j'ai commencé la méditation, dans 10 m^2 occupés par des personnes dans l'attente de miracles.

J'ai d'abord porté mon attention au présent. Dans le monde de la réanimation, l'état de santé des patients et les émotions générées par le mental des gens qui y travaillent, ainsi que celui des familles, changent d'une minute à l'autre. Il n'y a aucun équilibre. Le pronostic vital des patients est toujours engagé. J'ai vite saisi que le moment présent était mon espace de recueillement. Je ne pouvais pas nier les événements qui se succédaient à vitesse grand V ; je reconnaissais simplement l'essentiel. Les pensées défilaient dans ma tête, essayant de percer ma bulle protectrice du moment présent. Elles étaient redoutables et manipulatrices, essayant coûte que coûte de me faire imaginer un avenir de chagrin perpétuel sans mon daddy adoré.

Parmi toutes ces pensées, certaines étaient tout de même positives, comme le fait de rire avec mon grand frère dans la voiture en écoutant des blagues à la radio avant de passer notre journée dans la clinique, ou bien de se remémorer les farces que faisait mon père à ses proches. C'était notre moment de décompression, le moment où nous lâchions prise sur l'adversité.

Ces pensées positives, je leur ai permis de m'accompagner dans le moment présent.

Ce que je me suis efforcée de faire pour garder l'énergie des pensées positives en moi le plus longtemps possible a été de ne pas m'identifier à toutes les autres. Je me disais, et je me le dis encore, que **je ne suis pas mes pensées, je suis l'être qui pense et non l'inverse.** Le fait de me dissocier d'elles me permet de relativiser les événements de ma destinée.

Dans les moments difficiles de notre vie où la déprime colore en noir notre mental, il faut se concentrer sur le fait que nous ne sommes que le témoin de l'apparition des mauvaises pensées. Le mental en est la cause, pas nous.

Le pouvoir des pensées positives c'est, en résumé, de vous conditionner à être en joie, à être optimiste. Avec elles, on prend le parti de se dire que finalement, l'expérience de vie sur Terre n'est pas si pénible que ça. Ce pouvoir influence grandement vos actions et vos paroles. Les souvenirs joyeux ont la faculté de nous faire décompresser.

Il y a deux solutions naturelles pour que notre corps se décharge des tensions : pleurer et rire. Parfois, c'est les deux en même temps ! Mais ce qui est quand même le plus agréable, c'est de rire aux éclats en se souvenant de quelque chose que l'on a vu, entendu ou vécu.

Quand mes fins de journée sont difficiles et que je me sens épuisée, à la limite de sombrer, j'aime parler dix minutes au téléphone avec ma cousine qui a le même âge que moi. On adore se remémorer nos souvenirs d'adolescentes, et ça fait mouche à chaque fois ! Et hop ! La soirée commence bien même avec la fatigue.

Quand vous comprenez cela, vous pouvez faire aisément le choix de garder en vous, dans votre mental, toutes les pensées positives et salvatrices, les souvenirs heureux qui vous réparent, qui vous renforcent. La puissance des pensées positives est colossale puisqu'elles peuvent en une seconde changer votre état d'esprit et vous redonner espoir. Il ne faut jamais l'oublier. C'est cette même puissance qui va vous pousser à vous dépasser et faire naître en vous du bien-être.

2.
Le sourire et le rire, les passerelles du bonheur

« L'humour est une tentative de décaper les grands sentiments de leur connerie. »
Raymond Queneau

Sourire et rire dans la vie sont à consommer sans modération ! Ce sont les seules denrées non périssables qui affûtent votre ouverture d'esprit.

La première chose à faire pour se sentir à l'aise dans ses baskets, c'est de sourire et de rire. Ces fonctions motrices ont elles aussi bien été décortiquées par les scientifiques. Résultat :

sourire conditionne le cerveau à ressentir le bonheur et rire déstresse, diminue la perception de la douleur et améliore votre état de santé. Ils sont communicatifs, ils éclairent votre visage et inondent votre corps de joie. Et si votre corps s'épanouit, alors votre conscience vibre à une haute fréquence. Ce sont les moyens les plus naturels pour se sentir bien tout au long de la journée.

Même si vous vivez des moments particulièrement difficiles et que la méditation est une contrainte, rire est la meilleure solution pour relativiser, désamorcer une colère et chasser la tristesse.

Mon père était particulièrement friand de blagues et de « petites conneries » en tout genre. Mon grand frère et moi étions à la bonne école à ce niveau-là ! Non seulement mon père riait beaucoup, mais il riait aussi de lui et de sa capacité à être un Pierre Richard en puissance.

Mon papa était gérant de tutelle à Bourg-en-Bresse. Il s'occupait et accompagnait, jusqu'à la fin de leur vie, des personnes âgées qui n'avaient plus de proches auprès d'elles. Un matin, il devait aller à l'enterrement de l'une d'entre elles. Il est arrivé avec dix minutes de retard, mais fort heureusement pour lui, la cérémonie au crématorium n'avait pas encore commencé. Il y a assisté et a constaté qu'il y avait pas mal de monde à cet enterrement. Après la cérémonie, il est allé vers les personnes présentes et a compris au bout de deux salutations qu'il n'avait pas assisté au bon enterrement. Celui de sa tutelle avait eu lieu une heure plus tôt pour des contraintes logistiques ! Quand il nous a raconté son histoire, il riait aux éclats. « Voilà, ça c'est fait ! » nous a-t-il dit.

Je pense qu'une journée sans rire un instant est une journée sans vie. Je ne compte plus le nombre de fois où j'ai regardé des épisodes de *Kaamelott*, la série d'Alexandre Astier, ou de *Mon Oncle Charlie* avec Charlie Sheen, ou encore *La Télé des Inconnus* ! Ils me font un bien fou et sont un remède contre la morosité à eux seuls. N'hésitez pas à prendre un moment pour savourer un fou rire seul ou à plusieurs. Imprégnez-vous de l'humour que vous adorez, et si le cœur vous en dit, partagez-le! Le rire est communicatif. Être plusieurs à rire de la même chose est grisant et vous rapproche.

La vie est un gigantesque parc d'attractions : soyez fun et profitez-en !

Même si, parfois, vous avez des obligations, des contraintes qui vous sapent le moral, le meilleur conseil que je puisse vous donner est de ne pas les prendre au sérieux. Les ennuis, les soucis et les pensées négatives se donnent tellement d'importance! Ne les laissez pas attirer toute votre attention, parce qu'elles ne le méritent pas, et parce qu'elles ne sont qu'illusions.

Quand vous riez de bon cœur, vous faites jaillir la lumière de votre âme.

Si vous vivez dans un monde de désolation rempli de désespoir, dites-vous que le rire est la lumière qui va refleurir votre vie. Avoir le sens de l'humour en pleine conscience permet de ne pas se transformer en zombie spirituel ! Vous pouvez rire des mystères de l'Univers en toute impunité. Entourez-vous de personnes qui ont la banane et qui ont le sens de l'humour, vous allez vous recharger en énergie positive, et tout comme le bonheur, vous allez naturellement le diffuser.

3.
Pardonner, la derniere côte pour arriver au sommet de la liberté

« L'erreur est humaine, le pardon divin. »
Alexander Pope

Savoir pardonner sera votre dernière côte à gravir. Elle est terriblement pentue et il va falloir rassembler toute votre énergie d'amour et de compassion pour arriver au sommet. Ce n'est pas une mince affaire, mais quand on y arrive, on se sent libre, en paix et doté d'une grande sagesse. **Pardonner, c'est se délivrer**.

Nous avons tous fait l'expérience d'une trahison un jour ou l'autre. Se sentir victime d'une injustice, ou le souffre-douleur de personnes mal intentionnées. Nous avons tous connu cette haine qui grandit en nous face à nos bourreaux.

Quand mon père nous a quittés, mon frère, ma belle-mère et moi avons demandé un entretien avec l'équipe médicale de la clinique pour comprendre pourquoi son état s'était tellement dégradé après son opération de l'intestin, puisque le chirurgien avait confirmé qu'il avait enlevé toutes les cellules cancéreuses et qu'il ne risquait plus rien. Au bout d'une heure, nous avons compris que les interventions chirurgicales ne sont en aucun cas des opérations bénignes, comme peut le prétendre le corps médical, et que, de leurs dires, les stades de l'évolution d'un cancer sont toujours minorés devant la famille pour éviter de les alarmer et de les faire paniquer. Nous avons découvert la vérité sur l'état de santé véritable de mon père, qui s'était dégradé dans le mensonge et sans accompagnement psychologique.

Autant vous dire que j'en ai voulu au chirurgien de ne pas nous avoir dit la vérité, parce qu'il se protégeait et qu'il protégeait très certainement sa carrière. J'en ai voulu à cette clinique et à son personnel d'avoir laissé mon père dépérir. J'étais dans une colère immense. J'ai voulu porter plainte, mais malheureusement, nous n'avions pas assez de preuves concrètes. Je voulais retrouver tous les protagonistes et me venger. Pour moi, ils avaient tué mon père avant que le cancer ne le fasse.

J'avais créé une énergie destructrice de colère et de haine qui allait emporter dans la tourmente pas mal de gens, et moi en même temps. On aurait pu se dire : « Ils l'ont bien mérité ! », mais moi, avais-je vraiment mérité de me sentir comme eux ? NON ! **Je ne suis pas comme eux et je ne le serai jamais**. Voilà quelle a été ma réponse face à cette déferlante de mal.

Quand nous sommes traînés plus bas que terre, naissent des idées de vengeance pour nous donner le change. En fait, lorsque nous nous identifions en victime, coule en nous un poison qui soit nous détruit à petit feu, soit nous transforme à notre tour en bourreau. Dans l'illusion du poison, on se définit comme justicier vengeur, mais il n'en est rien. La preuve est qu'à chaque fois que des personnes se sont vengées du mal qu'on leur avait fait, le poison de la haine s'est transformé en dépression.

Le sentiment de haine a une énergie qui se fait passer pour une force toute-puissante, mais comme tous les sentiments, il s'évapore. Et quand ça arrive, vous n'êtes plus que vous face à votre ego. Vous n'avez plus personne à haïr puisque vous vous êtes vengé. Du coup, il ne reste plus que vous. Plus que vous à haïr !

Haïr une ou des personnes puis se venger n'a jamais été une solution sur le long terme. C'est le cancer psychologique le plus destructeur qui existe.

Les guerres en sont l'archétype. Qu'elles soient de religion ou politiques, elles sont toutes issues de la haine et de la vengeance. Et vous connaissez le résultat…

Le seul moyen de se débarrasser de cette fonction destructrice, c'est de *pardonner*. Non pas pour l'autre, mais pour vous-même. En pleine conscience, vous savez que les êtres humains sont fragiles. Des concours de circonstances peuvent rendre une femme ou un homme fou en un claquement de doigts. N'importe qui peut vous faire du mal. Vous n'êtes à l'abri de rien, mais vous avez un train d'avance sur les autres : vous savez vous connecter à votre âme et obtenir de votre mental une force supérieure à la normale. Vous savez utiliser l'énergie créatrice pour arranger les choses. En élevant votre conscience, votre colère se désagrège deux fois plus vite en temps de crise.

Le pardon est une énergie créatrice œuvrant pour l'humanité dans sa plus belle expression.

Pardonner ne veut pas dire rester en contact avec ceux qui ont joué un rôle de destruction dans votre destinée. Vous n'y êtes pas obligé. Gardez à l'esprit que le pardon amorce la paix et l'harmonie. En pardonnant sincèrement à ceux qui vous ont fait mal, vous donnez l'exemple et vous contribuez à changer les mentalités.

Se pardonner sera votre ultime preuve d'amour envers vous-même.

Personne n'est parfait et l'univers encore moins. D'ailleurs, si vous étiez parfait, vous ne seriez pas vivant. Vous évoluez en faisant des bêtises, en blessant à la fois les autres et vous-même. C'est une réalité, et vous œuvrez à chaque moment pour être en symbiose avec l'Univers. Inutile de vous punir, cela créerait une énergie destructrice qui irait à l'encontre de l'évolution. Stoppez net la culpabilité : elle n'a pas de place dans votre rayonnement. Aimez-vous comme vous êtes, avec vos défauts et vos qualités. Vous faites partie de cette belle synchronisation cosmique. Vous êtes unique, imparfait selon la vision de la société, mais parfait dans votre destinée. Vous faites réfléchir les personnes autour de vous par vos erreurs. Vous leur apprenez à choisir, à devenir plus humain, à ouvrir leur cœur.

Incarnez la paix et la sagesse en pardonnant à toutes les créatures vivantes sur cette Terre, vous y compris.

4.
Les autres, la destinée et notre rôle

« Soyez vous-même,
tous les autres sont déjà pris. »
Oscar Wilde

Élever votre niveau de conscience change radicalement votre vision des choses. Tout est si clair en pleine conscience que l'on a parfois du mal à trouver sa place dans la société.

Avant la mort de mon père, ma vie sociale était organisée autour d'une bande de copines où chacune avait son propre rôle. Entre le moment où mon père est tombé dans le coma et son décès, un mois et demi est passé. Loin du tumulte de la vie parisienne, j'avais perdu le sens de la fête et des sorties shopping entre copines. Quand je suis revenue à la réalité que m'imposait la société, je ne me suis pas reconnue. Je me sentais en décalage avec ma bande d'amies. Je ne me sentais pas moi ! Je n'étais plus une personnalité avec un rôle de pin-up, bonne camarade, mais une âme en train de saisir le sens de la vie. Je ne comprenais plus leurs priorités et, d'ailleurs, cela avait tendance à m'énerver. Il y a eu comme une mise à niveau qui n'a pas été si évidente. Je devais à la fois vivre en société et continuer ma croissance spirituelle. Aujourd'hui, je suis sincère dans ce que je suis et, surtout, **je ne laisse plus les autres me donner l'illusion d'être quelqu'un d'autre que moi.**

Vous tomberez sur des situations où les personnes ne vous comprendront pas. Elles vous traiteront très certainement de « rêveur », elles seront agressives et essaieront de vous humilier parce qu'à leurs yeux, l'amour, la spiritualité et la sagesse n'ont pas leur place pour vivre en société. Ne vous laissez pas impressionner. Rappelez-vous que l'ego en est la cause et qu'il ne peut pas vous atteindre puisque vous détenez le savoir.

Un jour, alors que je défendais la cause animale sur un forum internet, je me suis fait tour à tour accuser de gourou d'une secte New Age et de meurtrière pour incitation à ne plus manger les animaux ! Sur le coup, je ne voulais pas croire à tout ce déferlement de violence envers moi et mes propos. Tout ce que j'avais dit, c'était que l'espoir ne viendrait pas en les mangeant, mais en les aimant plus fort que jamais, qu'ils ne méritaient pas qu'on les sacrifie, qu'on les torture pour nos habitudes comportementales et que la science avait prouvé que l'on pouvait se nourrir exclusivement de végétaux. Qu'est-ce que je n'avais pas dit ! En deux lignes, j'étais devenue une paria de la société, une donneuse de leçons ! J'ai bien sûr fait abstraction de ces réactions négatives et je me suis concentrée sur le fait que de dire ce que je pensais allait m'enrichir *positivement*.

Même si l'on vous malmène parce que vous pensez différemment, **vous savez que chaque situation est uniquement une expérimentation proposée par l'Univers. À vous d'en faire ce qu'il faut pour votre évolution.**

En revanche, il y a une chose que j'ai remarqué au fur et à mesure de ma pratique : vous allez attirer les personnes qui sont comme vous et d'autres en devenir. Vous allez faire des rencontres qui vont vous conforter dans votre ascension. En fait, vous allez vous débarrasser de ceux qui pompent votre énergie et vous allez vous éloigner le plus loin possible des situations récurrentes qui ramollissent votre cerveau ! Il n'y aura plus de compromis avec ce qui vous annihile, parce que vous devenez une autre personne, une sage personne pleine de compassion et d'amour qui n'a plus besoin d'ego pour exister. Vous aimez votre personnalité, vous vous aimez avec ce que l'Univers vous a donné.

Vous savez pertinemment que le bonheur est intérieur, intimement lié à votre âme, votre conscience. À l'extérieur, vous savez que les situations peuvent être source de bonheur comme de malheur. Elles ne sont pas cette énergie universelle et éternelle qui vous définit.

Notre destinée est autant modulable que l'espace-temps d'Einstein. Maintenant que vous savez que vous pouvez diffuser de l'énergie et que vous pouvez concevoir le monde comme bon vous semble, pourquoi ne pas concevoir un monde meilleur ? Vous n'êtes plus dans l'ignorance, vous êtes conscient de votre capacité à faire réfléchir certaines personnes, voire même à changer les mentalités juste en diffusant, en agissant sur la matière avec votre empathie et votre compassion.

Quand je me déplace, je garde toujours sur moi une pièce de 1 euro pour donner à celui qui me le demandera. Un jour, dans le métro, un SDF faisait la manche et personne ne lui avait donné quoi que ce soit, pas même un sourire. Il est arrivé à ma hauteur et je lui ai tendu ma pièce avec un immense sourire. « Prenez soin de vous », lui ai-je dit en lui serrant la main de façon à ce qu'il comprenne qu'il n'était pas seul. Il m'a remerciée avec chaleur et j'ai tout de suite senti un changement d'énergie dans le wagon. Les trois personnes devant moi lui ont donné aussi un petit quelque chose.

L'élan de solidarité et de générosité, la lumière de la compassion soulèvent les cœurs. L'énergie de l'amour pour l'autre change l'atmosphère et tous les protagonistes de la scène de vie en sont affectés.

Maintenant et à jamais, vous savez que vous êtes une conscience. Une énergie issue de l'Univers qui participe à son évolution.

C'est vous qui allez changer le monde, rendre la place principale à l'espoir en chassant l'égoïsme.

Cela mettra du temps à se faire, mais cela se fera. N'oubliez jamais que vous êtes une des précieuses particules subatomiques qui composent l'Univers tout entier. L'évolution repose sur vous, sur nous tous.

Conclusion

L'été suivant le décès de mon père, j'ai voulu aller me ressourcer en Californie, et plus particulièrement dans la région de Big Sur, l'endroit où Jack Kerouac a écrit son célèbre roman *Sur la route*. Dans cet endroit du monde, les forces de la nature sont particulièrement présentes, et même si vous ne ressentez pas l'énergie qu'elles dégagent, vous ne pouvez qu'être ébloui devant une telle beauté.

J'avais eu vent qu'un chaman y vivait et j'ai décidé d'aller le consulter. Quand je l'ai salué, à mon grand étonnement, il m'a dit qu'il savait que j'allais venir le voir. La « séance » dura deux heures, partagée entre incantations et chants que je ne comprenais pas. Il parlait à la fois en anglais et dans un langage qui m'était totalement inconnu. Je me suis laissée porter.

Il m'a révélé que désormais ma vision serait dégagée, que je n'aurais plus à me poser de questions sur la vie et la mort, que tout allait m'être divulgué et que je n'aurais de cesse de propager l'essence spirituelle sur cette Terre. Ma mission débutait.

Si à l'époque je n'ai pas vraiment prêté attention à ses paroles, aujourd'hui, elles me sont plus que familières.

Le dernier message que je voudrais vous faire passer, c'est que la mort d'un ou de plusieurs êtres chers n'est absolument pas une fin en soi. Bien au contraire, la mort est une grande opportunité pour s'élever.

Comprendre que l'on ne va plus voir ni serrer dans ses bras une personne aimée procure en premier lieu de la tristesse et un vide qui nous semble immense. Ensuite, et c'est ce que vous devez retenir, vient une formidable fulgurance spirituelle. De par votre confrontation avec la mort, vous allez connaître le bonheur. Le seul et l'unique, celui qui est intérieur, exempt de tous les plaisirs matériels.

La mort n'est pas la dichotomie de la vie, elle en fait partie tout comme la naissance. En avoir peur et la considérer comme une ennemie, c'est se méprendre.

La naissance nous apprend à vivre, la destinée nous apprend à nous analyser, la mort nous apprend à nous transcender. Ainsi va l'évolution de notre univers.

Vous êtes la vie physique de par votre cœur et votre cerveau.

Vous êtes la vie sentimentale de par vos émotions et votre mental.

Vous êtes la vie spirituelle de par votre conscience ou votre âme.

Vous êtes la vie universelle de par vos actes et vos paroles qui engendrent l'énergie.

Vous êtes la vie sous toutes ses formes.

Que vous traversiez des moments d'obscurité intense ou d'extrême clairvoyance, peu importe.

Ce qui compte, c'est d'être vivant en adéquation avec votre destinée.

Vous avez la possibilité de créer votre chemin parce que, même si les grandes lignes sont tracées, toutes les expériences annexes sont choisies par vous. Qu'elles soient douloureuses, ennuyeuses, ou au contraire agréablement bienheureuses, vous êtes gagnant. Prenez toujours le temps de vous connecter à votre âme sans vous soucier des autres ou du reste.

Ne faites plus jamais le jeu de votre mental ou de votre ego qui vous souffle dans les moments de détresse : « La vie, c'est la merde ! » D'une part parce que vous n'êtes pas « de la merde », et d'autre part parce que le fait de vivre sa destinée est une très grande opportunité de vous élever, de saisir la dimension physique et matérielle et d'y jouer un rôle qui changera la face du monde. La nature, qui a fait le choix de notre existence, est sans jugement, sans avis, sans modèle de société. Elle est belle, tout simplement. Nous la détruisons par égoïsme, pour le pouvoir et l'argent. Mais elle seule a le pouvoir ! Toutes les consciences vivantes sont le fruit de cette nature. Nous sommes ses enfants et nous sommes beaux parce qu'imparfaits et vulnérables. À nous de la vénérer, d'en prendre soin et de la choyer. La nature, mère gardienne de la Terre, offre la vie. Nous sommes connectés à elle, qui elle-même est connectée à l'Univers. Donnons-leur les plus beaux messages avec nos actions de paix et de grâce. Rendons hommage à ce qu'ils nous ont enseigné, à commencer par cette pensée, aussi symbolique soit-elle : **La vie est belle parce que nous sommes la vie.**

Que vous soyez un homme ou une femme, pour entrer en pleine conscience, vous n'avez pas besoin d'être riche, populaire, d'avoir du succès, d'être « bankable », people, star, journaliste, politicien, médecin, intellectuel, philosophe, guide spirituel, chaman, yogi, guérisseur ou médium. Vous n'avez pas besoin d'avoir une étiquette sociale aux yeux des autres. Vous n'avez pas à entrer dans une communauté, dans une secte ou dans une religion. Vous n'avez même pas besoin de croire en un dieu, en un maître tout-puissant. Vous n'avez qu'à changer votre perception de la vie, vous remettre en question quand une situation s'impose à vous. Je suis la preuve vivante que tout le monde peut y arriver. Je suis un être humain anonyme parmi les autres. Je suis une personne lambda, qui un jour a décidé de comprendre qui nous sommes sans s'arrêter sur la case psychologie du jeu de la vie. J'ai, comme nous tous, été confrontée à l'expérience ultime, la mort. Je suis restée sincère face à ce que je suis. Alors, ne vous acharnez pas à être quelqu'un d'autre. Gardez votre personnalité, conservez près de vous ce dont vous êtes le plus fier. Cela sera votre ceinture de sécurité en cas de trop grosses secousses.

Rappelez-vous que vous êtes unique et sublime, vous êtes le fruit du cosmos, descendant des étoiles. Vos capacités sont énormes même si vous croyez le contraire.

Vous êtes une conscience illimitée habitant un corps délimité, alors tout devient possible.

Remerciements

Je tiens à remercier particulièrement Céline Rivière qui m'a poussée à écrire ce livre de façon à ce que la Lumière de l'espoir se propage encore plus loin et plus fort. Je remercie vivement Yves Michalon d'avoir cru en ce projet d'écriture, les plus belles intuitions viennent souvent des génies. Je remercie tendrement Anne Leclercq pour avoir su m'épauler dans l'écriture du livre, en toute humilité, dans un monde de spiritualité pas facile à aborder dans la vie de tous les jours. Et puis je remercie infiniment l'Univers, ses entités et ses mystères, pour m'avoir permis de vous expliquer que vous êtes bien plus que de simples êtres humains.

Achevé d'imprimer
en mai 2016
par Corlet Imprimeur
14110 Condé-sur-Noireau

Composition et mise en page : rce.infos@gmail.com

Dépôt légal : juin 2016
N° d'édition : 830
N° d'impression : 181754